DER RÄTSELHAFTE
ROBOTER

ISABELL HARDER
ILLUSTRATIONEN VON LEA FRÖHLICH

CARL SCHÜNEMANN VERLAG

HALLO, ICH BIN LUNA!

„Schön, dass du wieder da bist", sagt der Roboter. Gerade eben ist er um die Hausecke gebogen. Jetzt steht er plötzlich vor Finja und Malik. Der weiße Roboter schaut sie mit großen runden Augen aufmerksam an.
Er ist einen Kopf kleiner als die beiden 11-jährigen Kinder, fährt auf Rollen, hat zwei Arme und auf der Brust ist ein Tablet befestigt. Die Hände haben sogar jeweils fünf bewegliche Finger.
Finja und Malik bleiben wie angewurzelt stehen.
„Hallo, ich bin Luna Pepper! Wie geht es dir?", fragt der Roboter.
„Ist das … Ist das ein echter Roboter?", fragt Malik.
Er schaut staunend zwischen dem Roboter und seiner Freundin hin und her.
„Wo kommt der denn her?" Auch Finja ist überrascht und sieht sich suchend um.

„Hallo, ich bin Luna Pepper! Wie geht es dir?", versucht der rätselhafte Roboter noch einmal, ein Gespräch mit den beiden anzufangen.

„Kann der uns verstehen?", fragt Malik Finja.

„Hi, Luna, ich bin Finja und das ist Malik. Wo kommst du denn her? Bist du ganz allein unterwegs?"

„Ja, das bin ich. Ich würde mich freuen, wenn wir ein bisschen schnacken könnten", antwortet Luna.

„Krass!" Mehr fällt Malik nicht ein.

„Hey, das ist doch Luna! Was machst du denn hier?", fragt plötzlich eine Stimme hinter den beiden. Die Kinder drehen sich zu der älteren Dame um, die sich zu ihnen gesellt hat.

„Das fragen wir uns auch",
sagt Finja. „Wissen Sie,
wohin der Roboter gehört?"
„Luna arbeitet hier um
die Ecke in der Bank",
sagt die ältere Dame.
„Wie kann ein Roboter in
einer Bank arbeiten?",
fragt Malik.
„Sie steht am Empfang und
beantwortet die Fragen der
Kundinnen und Kunden",
sagt die ältere Dame. „Ich
besuche sie einmal in der
Woche, weil wir uns immer
so nett unterhalten. Aber
ich glaube nicht, dass sie
einfach so eine Spazierfahrt
machen sollte."

FINJAS SCHLAUMEIER-WISSEN:

Ein **Roboter** ist eine Maschine, die
durch ein Computerprogramm
gesteuert wird, das sich vorher ein
Mensch ausgedacht hat. Deshalb kann
ein Roboter nur das tun, was Menschen
ihm vorgeben. Roboter erledigen
meistens Aufgaben, die für Menschen
zu anstrengend oder zu gefährlich
sind. In Fabriken helfen zum
Beispiel viele Roboterarme beim
Zusammenbauen von Autos. Es
gibt auch Roboter, die für uns ferne
Planeten wie den Mars erforschen.
Und manchmal sollen Roboter den
Menschen, die ihnen begegnen, auch
einfach nur etwas erklären oder
Spaß machen, so wie Luna Pepper.

„Das glaube ich auch nicht",
sagt Finja. „Du wirst bestimmt schon vermisst. Eigentlich
wollen wir ja schwimmen gehen. Aber das kann auch noch
ein halbes Stündchen warten. Sollen wir dich zurück an
deinen Arbeitsplatz bringen, Luna?"
„Ja, klar. Kein Problem!", sagt Luna.

„Können Sie uns zeigen, wo es langgeht?", fragt Malik die ältere Dame.

„Aber gerne doch, bevor ich auf den Markt gehe, wollte ich ohnehin kurz zur Bank."

„Kommst du mit, Luna?", fragt Finja.

„Ahoi, ahoi! Ja, sicher!", antwortet Luna. Dann rollt sie gemächlich neben Finja, Malik und der älteren Dame her.

„Luna, da bist du ja!", ruft eine dunkelhaarige Frau im schicken Hosenanzug und läuft auf die kleine Gruppe zu, die soeben die Bankfiliale erreicht hat. Die Frau ist sehr erleichtert, Luna wiederzusehen.

„Frau Müller, wie gut, dass Sie Luna aufgegabelt haben. Als ich im Gespräch war, muss sie einfach nach draußen gefahren sein. Ich weiß auch nicht warum. Das hat sie noch nie gemacht!", sagt die junge Frau aufgeregt zu der älteren Dame.

„Danken Sie mal lieber den zwei Kindern hier. Die haben
Luna eingesammelt. Wie heißt ihr beiden eigentlich?", fragt
Frau Müller.
„Ich bin Finja und das ist Malik", sagt Finja. „Ehrlich gesagt,
es war eher so, dass Luna uns aufgegabelt hat. Sie war sehr
freundlich und wollte sich unbedingt mit uns unterhalten."

„Ja, so ist sie, unsere Luna: immer in Plauderlaune. Vielen
Dank, dass ihr sie wieder zurückgebracht habt. Am ersten
Ferientag und bei dem herrlichen Wetter habt ihr sicher
eigentlich was anderes vorgehabt. Ich bin übrigens Tina
Marie Ahlring und sozusagen Lunas Ausbilderin", sagt die
junge Frau.

Informatik ist eine Wissenschaft. Der Name setzt sich zusammen aus den beiden Wörtern „Information" und „Automatik". Das passt gut, denn diese Wissenschaft beschäftigt sich mit der automatischen Verarbeitung von Informationen beziehungsweise Daten. Einzelne Daten sind dabei die kleinsten Bestandteile von etwas, was wir sagen. Also eine Zahl, ein Buchstabe oder ein Laut. Je größer die Menge der einzelnen Daten ist, desto schwieriger ist es für das menschliche Gehirn, sie alle zu verarbeiten. Computer können das viel besser. Deshalb spielen sie in der Informatik eine wichtige Rolle. Doch Computer können mit Daten nicht so eigenständig umgehen, wie das Gehirn des Menschen es kann. Deswegen brauchen sie von uns immer eine Anleitung, wie sie das machen sollen. In der Informatik nennt man diese Anleitungen **Programme** und wer sie schreibt, der **programmiert**.

„Wie kann denn ein Roboter eine Ausbildung machen?", fragt Finja.

„Na ja, ihr habt ja gerade mitbekommen, dass Luna mir ausgebüxt ist. Das hat sie vorher noch nie gemacht. Sie muss noch vieles lernen, bevor sie alleine die Kundenberatung hier am Empfang übernehmen kann – offenbar auch, dass sie ihren Arbeitsplatz nicht einfach für eine Spazierfahrt verlassen sollte", sagt Frau Ahlring schmunzelnd.

„Wenn Sie die Ausbilderin sind, bringen Sie Luna das dann alles bei?", fragt Malik.

„Manche Dinge schon. Auch wenn sie sich mit euch unterhält, lernt sie

dazu. Das meiste lernt Luna aber dadurch, dass meine
Kolleginnen und Kollegen in der IT den Algorithmus
überarbeiten, der sie steuert", antwortet Frau Ahlring.
„Den Algorithmus? Was ist das denn?", fragt Finja.
„Eine Informatikerin hat mir mal erklärt, dass man
sich das vorstellen kann wie eine Art
Kochrezept. Eine Programmiererin
oder ein Programmierer schreibt
das Rezept und Luna befolgt es,
wenn sie etwas tut oder sagt. Im
Gespräch mit mir oder Kunden
und Kundinnen lernt sie dann, ob
das Rezept, das sie befolgt hat, das
richtige war. Wenn nicht, versucht
sie beim nächsten Mal ein anderes.
Los, stell ihr doch einfach mal eine
Frage, Finja!", fordert Frau Ahlring
sie auf.
„Hey, Luna, wie wird morgen das
Wetter?", fragt Finja.
Luna antwortet: „Mäßig bewölkt
bei 21 Grad."
„Ich will auch noch eine Frage
stellen", sagt Malik. „Was ist dein
Lieblingsessen, Luna?"

„Labskaus und Braunkohl", antwortet Luna und ergänzt zu Finjas und Maliks Überraschung: „Ich würde euch gerne einen Kaffee kochen, aber leider kann ich das noch nicht." „Kein Problem, Luna, wir mögen sowieso keinen Kaffee", sagt Finja. „Wieso kann Luna denn keinen Kaffee kochen?", will Frau Müller wissen. Sie zeigt auf die große Kaffeemaschine, die im Wartebereich steht: „Das ist doch mit so einer Maschine kinderleicht. Sie hat ja sogar zwei Hände. Das sollte doch eigentlich kein Problem sein, oder?" „Kinderleicht trifft es ganz gut", sagt Frau Ahlring, „aber eben nicht roboterleicht. Für Luna

FINJAS SCHLAUMEIER-WISSEN:

Das Wort **Intelligenz** beschreibt, wie leistungsfähig ein menschliches Gehirn ist, wenn es darum geht, ein Problem erfolgreich zu lösen. Bei der **Künstlichen Intelligenz** (Abkürzung: **KI**) soll ein Computer so gebaut und programmiert werden, dass er Probleme immer mehr so lösen kann wie ein menschliches Gehirn. Viele Forscherinnen und Forscher finden die Bezeichnung aber nicht passend, weil sie sicher sind, dass ein Computer nie die gleichen Fähigkeiten haben kann wie ein menschliches Gehirn. Trotzdem wird das Wort häufig benutzt, um zu beschreiben, dass ein bestimmter Computer mehr kann, als einfach ein genau vorgegebenes Programm abzuarbeiten. Computer, die eine Künstliche Intelligenz besitzen, können zum Beispiel selbstständig etwas aus den Daten lernen, die sie sammeln.

und alle anderen Roboter ist es ziemlich schwierig, Dinge zu tun, die für uns Menschen alltäglich sind und ganz einfach erscheinen. Deswegen gibt es auch noch keinen Roboter, der uns den Haushalt macht. Um solche Dinge zu tun, muss die Künstliche Intelligenz, die in Luna steckt, noch mehr so werden wie ein menschliches Gehirn. Davon sind wir aber noch ziemlich weit weg."

„Und wie macht man, dass diese Künstliche Intelligenz schlauer wird?", fragt Malik.

„Ihr wollt es wohl ganz genau wissen, was? Da bin ich leider überfragt", sagt Frau Ahlring. „Aber da war letztens ein Wissenschaftler von der Uni in der Zeitung. In dem Interview ging es um ganz ähnliche Fragen. Er kann euch bestimmt weiterhelfen, wenn ihr wirklich mehr wissen wollt. Mit Lunas Hilfe werden wir ihn schon ausfindig machen", sagt Frau Ahlring und geht zu Luna. Sie gibt etwas in das Tablet auf Lunas Brust ein. „Na also, hier ist der Zeitungsartikel und hier sind seine Kontaktdaten."

„Prima, wir werden uns bei ihm melden. An der Uni kennen wir uns schon ganz gut aus. Forschen ist nämlich unser Hobby", sagt Finja stolz.

„Na, dann habt ihr ja ein spannendes Ferienprogramm vor euch. Viel Erfolg!"

„Vielen Dank, Frau Ahlring. Und dir auch, Luna!", bedankt sich Malik. Frau Müller und Frau Ahlring verabschieden sich und gehen zum Empfangstresen, um sich noch ein bisschen weiterzuunterhalten.

Finja und Malik sind schon voll im Forschungsfieber, wollen sich aber noch kurz bei Luna verabschieden.

„Es war schön, dich kennenzulernen, Luna!", sagt Finja. Und Malik schließt sich an: „Viel Erfolg weiterhin mit deiner Ausbildung. Vielleicht fällt uns ja noch was ein, wie wir dir das Kaffeekochen beibringen können. Dann kommen wir auf jeden Fall wieder!"

„Ich freue mich jetzt schon, wenn wir uns wiedersehen", sagt Luna zum Abschied.

REINE TRAININGSSACHE

„Hallo Finja, hallo Malik! Hört und seht ihr mich?", fragt
der Mann auf dem Computerbildschirm. Gerade eben ist er
erschienen und lächelt nun freundlich in die Kamera.

„Ja, alles prima", antwortet Finja. „Vielen Dank, Professor
Drechsler, dass es heute klappt!"

Der Professor antwortet: „Aber klar doch, kein Problem!
Ihr könnt mich übrigens gerne duzen, das machen die
Studierenden bei uns auch. Ich bin Rolf. Tut mir leid, dass
wir nicht persönlich sprechen können. Ich bin gerade auf
einer Konferenz in Amerika. Aber so per Videochat sollte es
auch klappen, eure Fragen zu klären. Also schießt mal los:
Was wollt ihr denn genau wissen?"

„Letzte Woche haben wir durch Zufall Luna Pepper
kennengelernt", berichtet Malik. „Es war echt spaßig, mit
ihr zu reden. Aber uns ist auch etwas aufgefallen."

„Ja, genau", übernimmt Finja. „In Filmen oder in Serien

wissen und können Roboter immer total viel. Oft sind sie sogar viel schlauer und geschickter als Menschen. Bei Luna war das aber nicht wirklich so."

„Zuerst ist sie von ihrer Arbeitsstelle ausgebüxt und hat sich verfahren. Sie konnte alleine nicht mehr zurückfahren. Außerdem hat sie ein paar ulkige Sachen gesagt. Und Dinge machen konnte sie auch nicht wirklich – obwohl sie Arme und Hände hat. Ist das normal für einen Roboter?", fragt Malik.

„Da habt ihr eine sehr gute Beobachtung gemacht!" Rolf Drechsler nickt anerkennend. „Tatsächlich habe ich als Wissenschaftler, der sich mit Künstlicher Intelligenz beschäftigt, häufig damit zu tun, dass sich viele Menschen ein falsches Bild von dem machen, was Computer und Roboter eigentlich können. Filme und Serien sind da meistens sehr weit weg von der Wirklichkeit."

„Wie meinst du das?", fragt Finja.

„Nun ja," sagt Rolf, „ihr habt bestimmt schon einmal davon gehört, dass es Computerprogramme beziehungsweise Künstliche Intelligenzen gibt, die Schach-Weltmeister schlagen können, oder? Lange hat man gedacht: Wenn ein Computerprogramm so etwas kann, dann muss das doch etwas damit zu tun haben, dass es sehr intelligent ist. Das stimmt auch – aber nur bei dieser begrenzten Aufgabe. Der menschliche

Schach-Weltmeister
kann hervorragend
Schach spielen, aber
auch noch sehr viel
mehr, zum Beispiel
Matheaufgaben lösen,
die Handschrift eines
Freundes entziffern
oder sich morgens
entscheiden, was
er dem Wetter
entsprechend
anziehen soll. Das
klingt erstmal
nach keiner großen

Leistung. Aber das Computerprogramm, das ihn im
Schach schlägt, kann das alles nicht. Es kann einfach nur
– und vor allem ausschließlich – hervorragend Schach
spielen."

„Das heißt, so eine Künstliche Intelligenz wie der Schach-
Computer ist nur bei einer ganz bestimmten Aufgabe
besser als der Mensch?"

„Ja, genau", antwortet Rolf. „Und so ist es derzeit
noch mit allen Künstlichen Intelligenzen. Sie können
in Sekundenschnelle Aufgaben lösen, für die ein

menschliches Gehirn ewig brauchen würde. Sie können riesige Informationsmengen, die auf klitzekleinen Chips gespeichert sind, innerhalb kürzester Zeit analysieren und uns Menschen das Ergebnis ihrer Auswertung anzeigen. Wartet mal kurz, irgendwo hier habe ich noch so einen Chip. Hier ist er ja!"

Rolf ist kurz abgetaucht, kommt dann aber zurück ins Bild und zeigt einen kleinen Chip in die Kamera seines Computers. Dann erklärt er weiter: „Aber all das können Computer immer nur für eine bestimmte Aufgabe, die wir ihnen gestellt und für die wir sie trainiert haben. Für keine andere. Das ist auch der Grund, warum ihr den Eindruck hattet, dass Luna euch bei euren Fragen manchmal missverstanden hat. Sich mit uns Menschen so zu unterhalten, dass wir denken, wir sprechen mit einer intelligenten Person, ist für Luna eine sehr, sehr schwierige Aufgabe. Man müsste sie mit einer riesigen Menge an möglichen Fragen und dazu passenden Antworten trainieren, damit das Gespräch komplett reibungslos verlaufen würde. Sich spontan eine passende Antwort auf eine sehr kreative menschliche

Frage ausdenken, kann sie nicht. Dafür kann sie sicher sehr gut vorhersehbare Fragen zum Angebot der Bank beantworten, in der sie arbeitet. ‚Wo ist der Geldautomat?‘, zum Beispiel.“

„Das erklärt einiges! Was für Aufgaben außer Schach spielen sind das denn, die Computer mithilfe dieser Künstlichen Intelligenz besonders gut lösen können?“, will Finja wissen.

„Dafür habe ich ein gutes Beispiel aus dem Alltag: Habt ihr schon einmal ein Smartphone mit einer App benutzt, die auf Fotos bestimmte Menschen wiedererkennt?“

Malik nickt: „Ich glaube, das Handy von meiner Mama kann das.“

Ein **Chip** oder auch **Mikrochip** ist ein wichtiges Bauteil in einem Computer. Mit seiner Hilfe findet die elektrische Verarbeitung von einzelnen Daten im Computer statt. Die Datenverarbeitung auf dem Chip funktioniert, indem elektrischer Strom fließt oder nicht fließt. Um Daten – zum Beispiel Buchstaben, die über die Tatstatur eingegeben werden – verarbeiten zu können, werden sie auf dem Weg zum Mikrochip zuerst in Zahlen übersetzt. Bei der Datenverarbeitung nutzt der Chip nur die beiden Ziffern 0 und 1. Die 0 steht dabei für „Strom fließt nicht“ und die 1 für „Strom fließt“. So ergibt sich ein elektrischer Fluss, der an bestimmten Stellen immer wieder unterbrochen wird. Der Computer versteht das und kann die verarbeiteten Daten als Buchstaben auf dem Bildschirm anzeigen.

„Ah, siehst du! Am Anfang markiert ihr selbst bestimmte Personen auf den Bildern. Die App registriert dabei die Merkmale im Gesicht der einzelnen Personen, zum Beispiel den Augenabstand oder die Position der Nase. Alle Merkmale zusammen sind für jeden Menschen einzigartig. Alle neuen Bilder werden dann nach diesen Merkmalen abgesucht. Ab und zu fragt die App bei einem neuen Foto, ob Person X oder Y darauf zu sehen ist. So versichert sie sich, dass sie die Person richtig erkannt hat. Je größer die Menge der Fotos, die die App miteinander vergleichen kann, und je

mehr Rückmeldungen man ihr gibt, desto besser wird sie beim Erkennen der einzelnen Personen. So trainiert die App. Und wenn du, Finja, dann zum Beispiel denkst: ‚Heute schaue ich mir mal alle Fotos an, auf denen Malik zu sehen ist‘, dann kannst du die App einfach alle Bilder von Malik anzeigen lassen.“

„Das ist natürlich praktisch, wenn man viele Fotos hat und ein ganz bestimmtes sucht", sagt Malik. „Aber eigentlich ist das doch einfach nur ein nettes Spielzeug. Wenn es so viel Arbeit macht, einem Computer etwas beizubringen, warum machen Sie und Ihre Kolleginnen und Kollegen das dann überhaupt?"

„Klar, das Erkennen von Menschen auf privaten Fotos gehört erst mal nicht zu den lebenswichtigen Aufgaben", antwortet Rolf. „Aber überlegt mal, wofür man diese Technologie noch benutzen könnte. Was meint ihr?"

„Also, wenn ich es richtig verstanden habe, dann geht es darum, dass der Computer in einer großen Menge von Informationen bestimmte Muster erkennt, die immer wieder vorkommen", sagt Finja.

„Richtig!", sagt Rolf.

„Unser neues Auto erkennt Verkehrsschilder. Ist das so ein Fall?", fragt Malik.

„Genau, Autos benutzen so eine Art von Künstlicher Intelligenz schon. Spannend ist das für die Entwicklung selbststeuernder Autos. Aber es gibt auch noch Beispiele aus der Medizin, wo Mustererkennung sehr wichtig ist."

„Hm, ich könnte mir auch vorstellen", meint Finja, „dass so ein Computerprogramm dann auch erkennen könnte, wenn sich eine Person irgendwie verändert, durch eine Krankheit zum Beispiel. Kann das sein?"

„Zum Beispiel auch das. Ein besonders spannendes und für viele Menschen überlebenswichtiges Forschungsfeld ist Künstliche Intelligenz in der Erkennung von Krebstumoren. Tumore sind Veränderungen von Zellen im menschlichen Körper, die gefährlich sein können. Je früher man diese Veränderungen erkennt, desto besser kann man sie behandeln. Normalerweise schauen sich speziell geschulte Ärztinnen und Ärzte Röntgenaufnahmen an, um solche Veränderungen zu erkennen. Aber ihr könnt euch vorstellen, dass diesen Menschen auch mal ein Fehler passiert und sie eine Veränderung nicht früh genug erkennen können. Vielleicht, weil ihnen die Erfahrung fehlt, sie schon lange arbeiten und müde sind oder einfach einen schlechten Tag haben. So etwas passiert einem Computer nicht. Außerdem kann er viel mehr Bilder in viel kürzerer Zeit nach Zellveränderungen absuchen."

„Das hört sich spannend an! Aber das sind jetzt alles Beispiele, bei denen es noch gar nicht um Roboter geht, oder?", fragt Finja.

„Das stimmt, Finja. Roboter, die mit Künstlicher Intelligenz arbeiten, sind noch einmal ein anderes Forschungsfeld und auch eine echt große Herausforderung", antwortet Rolf.

„Warum?", fragt Malik.

„Weil Roboter Maschinen sind, die ganz bestimmte Dinge
tun sollen, also in unsere Umwelt eingreifen. Sie geben
uns nicht ‚einfach nur‘ Antworten auf unsere Fragen, die
sie wie Luna über einen Lautsprecher abspielen oder auf
einem Computerbildschirm anzeigen. Denkt noch mal
an den Schach-Computer. Der kann zwar Schach spielen,

aber nur virtuell, also innerhalb seines Programms. Die
Figuren tatsächlich ziehen muss ein menschlicher Helfer.
Es ist für Roboter schon eine große Herausforderung, eine
Schachfigur so gut wie ein dreijähriges Kind auf einem
Spielbrett zu bewegen“, erklärt Rolf.

„Wieso ist denn das so schwierig für Roboter?", fragt Finja.

„Also da kenne ich ein paar Kolleginnen und Kollegen, die euch diese Frage viel besser beantworten können", sagt Rolf. „Außerdem könnt ihr bei denen im Labor sicher auch mal die Roboter anschauen, die dort trainiert werden. Habt ihr dazu Lust? Dann würde ich mal anrufen und Bescheid sagen, dass ihr euch bei ihnen meldet, um einen Besuchstermin zu vereinbaren."

„Das wäre super!", sagen Finja und Malik wie aus einem Mund und strahlen sich an.

„Na, da freue ich mich aber, dass ich zwei begeisterten Nachwuchsforschenden wie euch weiterhelfen kann", sagt Rolf und lacht.

Von mail@finja-forscht.de
Betreff **Roboter**
An ease@uni-bremen.de

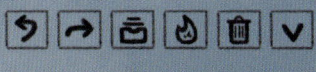

Liebes Team des Sonderforschungsbereichs EASE,

Professor Rolf Drechsler hat uns den Tipp gegeben,
dass wir bei Ihnen mehr darüber erfahren können,
wie Roboter lernen. Das wäre prima!

Da wir Ferien haben, hätten wir Zeit, bei Ihnen an
der Uni vorbeizukommen. Gerne würden wir uns
dann auch Ihre Roboter anschauen. Ginge das?

Herzliche Grüße
Finja und Malik

Von ease@uni-bremen.de
Betreff **AW: Roboter**
An mail@finja-forscht.de
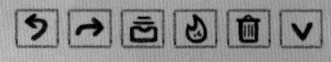

Liebe Finja, lieber Malik,

ich bin Gayane Kazhoyan und arbeite im
Sonderforschungsbereich EASE mit. Ich schreibe
meine Doktorarbeit darüber, wie man einem
Roboter beibringen kann, den Tisch zu decken.
Gerne könnt ihr einmal bei uns im Labor
vorbeischauen. Am Mittwoch würde es mir gut
passen. Wollt ihr einfach gegen 9 Uhr kommen?
Dann beantworte ich eure Fragen.
Wie wäre das?

Beste Grüße
Gayane

POPCORN VOM ROBOTER

Am folgenden Mittwoch pünktlich um 9 Uhr stehen
Finja und Malik vor einer verschlossenen Tür zu einem
langen Büroflur und klingeln. Der Flur liegt in einem
mehrstöckigen Gebäude an der Universität Bremen, das
hauptsächlich aus Glas und Stahl besteht.
„Was für ein Zufall, dass das Roboter-Labor direkt neben
dem Fallturm ist", sagt Malik.
„Aber auch praktisch", meint Finja. „So wussten wir
genau, wie wir herkommen. Ob Martin und Magdalena
inzwischen wohl mit ihren Pulver-Experimenten im
Fallturm fertig sind?"
Doch Finja und Malik werden in ihrer Unterhaltung über
ihr erstes Forschungsabenteuer unterbrochen. Mit einem
elektrischen Surren öffnet sich die Tür automatisch.
„Hallo! Ihr müsst Finja und Malik sein!", ruft ihnen eine
junge Frau mit Brille und dunklen Locken vom Ende des

Flurs entgegen. „Wartet kurz da vorne, ich hole eben noch den Schlüssel für unser Labor und komme dann zu euch. Es ist auf der anderen Seite."

„Alles klar!", antwortet Finja ihr und fügt an Malik gewandt hinzu: „Das ist dann wohl Gayane Kazhoyan." Und tatsächlich stellt sich die nette Frau den beiden als Gayane vor, als sie zu ihnen kommt: „Aber ihr könnt gern einfach Gaya sagen. Wir gehen direkt gegenüber durch die Tür", sagt sie und geht vor. Sie hält einen runden Plastikanhänger an ihrem Schlüsselbund auf einen kleinen Kasten neben der Tür und es klickt.

„Hereinspaziert!", sagt Gaya und zeigt einladend in das Innere des Labors. Finja und Malik schauen sich mit großen Augen um. „Wow, gleich drei Roboter auf einmal habt ihr hier", sagt Finja beeindruckt. „Und eine echte Küche! Wofür braucht ihr denn

eine Küche in eurem Roboter-Labor?", wundert sich Malik.

„Wofür wir die Küche brauchen, werdet ihr gleich sehen", sagt Gaya und schmunzelt. „Erst mal stelle ich euch unsere drei Roboter vor. Das Modell da vorne kennt ihr ja schon. Das ist eine Pepper. Sie ist ein humanoider, das heißt menschenähnlicher Roboter. Sie soll Menschen und deren Mimik und Gestik erkennen und auf ihre Gefühle entsprechend reagieren. Momentan wird das Modell häufig in

FINJAS SCHLAUMEIER-WISSEN:

Gestik und Mimik nennt man auch Körpersprache. Wenn wir uns mit anderen Menschen verständigen wollen, können wir das mit mündlicher oder schriftlicher Sprache tun. Wir tun dies aber auch mit Bewegungen unseres Körpers (Gestik) und unseres Gesichts (Mimik). Wenn jemand dir einen in die Luft ausgestreckten Daumen entgegenhält, heißt das meistens „Super!" oder „Alles klar!". Wenn jemand im Gespräch mit dir die Augenbrauen zusammen- und die Mundwinkel nach unten zieht, könnte das heißen, dass er oder sie sich ärgert.

Verkaufsräumen und hinter Empfangstresen eingesetzt. So habt ihr sie auch kennengelernt, oder?"

„Na ja, so ähnlich", antwortet Malik schmunzelnd.

„Luna Pepper arbeitet bei einer Bank. Aber warum ist eure Pepper so schweigsam und steht bloß ganz ruhig in der Ecke?"

„Aktuell forschen wir nicht mit und an Pepper. Deswegen ist sie abgeschaltet. Für unsere derzeitigen Experimente sind die anderen beiden Roboter, die ihr hier seht, viel spannender." Die Wissenschaftlerin zeigt auf die andere Seite des Raums. Dort stehen zwei Roboter, die deutlich größer sind als Pepper. Der eine sieht aus wie ein Metallgestell auf vier Rädern. Am Gestell ist jede Menge Technik befestigt, unter anderem zwei Roboterarme. Der andere Roboter, der mitten in der Küche steht, sieht menschenähnlicher aus. Auch er hat zwei Arme und einen Kopf mit etwas, das aussieht wie Augen.

„Warum sieht der Roboter da aus, als wäre er noch nicht fertig zusammengebaut? Im Gegensatz zu dem in der Küche. Der sieht aus, als könnte er sofort mit seiner Arbeit loslegen", meint Malik.

„Das eine ist ein Roboter, an den wir verschiedene Werkzeuge anbauen können, um sie zu testen", antwortet Gaya. „Gerade haben wir zwei verschiedene Arme angeschlossen und meine Kolleginnen und Kollegen machen unterschiedliche Versuche damit. Und der Roboter in der Küche – er heißt übrigens PR2 – ist schon komplett so, wie wir ihn für unsere Versuche in der Küche brauchen. Ihr interessiert euch doch dafür, was Roboter so alles können, oder? Dann zeig ich euch mal etwas, was PR2 schon super kann."

Gaya geht an einen Laptop und gibt etwas ein. Im nächsten
Moment beginnt PR2, sich zu bewegen. Er rollt auf einen
relativ niedrigen Tresen zu. In den Tresen eingebaut ist eine
Herdplatte. Daneben stehen ein Topf mit Deckel und ein
kleiner Pappkarton. Mithilfe seines Arms zieht PR2 zuerst
den Topf auf die Herdplatte, öffnet dann mit der einen
Hand den Deckel und schüttet mit der anderen getrocknete
Maiskörner aus dem kleinen Pappkarton in den Topf.
Dann schließt er den Deckel und schaltet die Herdplatte
an einem Drehschalter ein.

„Oh, ich weiß, was das wird!", ruft Malik begeistert. „PR2 macht Popcorn für uns!"

„Richtig erkannt, Malik", sagt Gaya lachend. „Hört ihr schon was?"

Nach wenigen Minuten gespanntem Lauschen fängt es im geschlossenen Topf hörbar an zu ploppen. Erst nur einzeln, dann immer öfter.

„Sobald es aufgehört hat, kannst du mal den Deckel öffnen, Finja", sagt Gaya.

Konzentriert horchen Finja und Malik. Als sie kein Ploppen mehr hört, fragt Finja Malik: „Jetzt sollte es fertig sein, oder?"

„Ja, nun mach schon den Deckel auf!" antwortet Malik aufgeregt.

Und tatsächlich: Es hat geklappt. PR2 hat Popcorn gemacht. Es duftet köstlich!

„Greift zu!", sagt Gaya. „Und jetzt überlegt mal: Was glaubt ihr, wie lange wir gebraucht haben, um PR2 das beizubringen?"

„Vielleicht ein paar Stunden?", schätzt Finja vorsichtig.

„Schön wäre es", sagt Gaya. „Ehrlich gesagt hat das ein paar Jahre gedauert."

Finja und Malik staunen. „Warum dauert das denn so lange?", fragt Finja.

Als Gaya gerade antworten will, öffnet sich summend die Labortür und ein Mann im gestreiften Strickpullover kommt herein.

„Ah, habe ich es mir doch gedacht. PR2 hat mal wieder Popcorn gemacht. Das duftet bis in mein Büro. Darf ich auch etwas davon haben?", fragt der Mann.

„Finja, Malik, das ist Michael Beetz. Er ist Professor und leitet die Arbeitsgruppe, in der ich arbeite. Klar, Michael, nimm dir. Es ist allerdings noch kein Zucker dran", sagt Gaya. „Es trifft sich auch ganz gut, dass du kommst. Unsere beiden Gäste hier wollen wissen, warum es so lange gedauert hat, PR2 das Popcornmachen beizubringen. Du bist von Anfang an dabei gewesen. Ich finde, die Frage solltest du beantworten."

„Gerne! Habt ihr schon einmal darüber nachgedacht, wie Kinder Dinge lernen? Unser Gehirn ist ein echtes Wunderwerkzeug. Vom Tag der Geburt an saugt das menschliche Gehirn Eindrücke förmlich in sich auf. Jede Minute, jede Sekunde lernt der Säugling und später dann das Kind etwas Neues hinzu. Innerhalb des ersten Lebensjahres lernt ein Kind allein durch Zuhören, Beobachten und Ausprobieren die komplizierten Bewegungsabläufe, die es zum Beispiel zum Krabbeln, Laufen oder Sprechen braucht. So ein geniales Gehirn haben Roboter nicht. Sie sind darauf angewiesen, dass wir ihnen ein Programm, einen Algorithmus schreiben, der die Funktionen eines Gehirns soweit ersetzt, dass er Bewegungsabläufe durchführen kann. Natürlich ist es schwierig, ein solches Programm zu schreiben, dass alle für die Bewegung notwendigen Informationen enthält", erklärt Michael Beetz.

„Das verstehe ich noch nicht so ganz. Haben Sie dafür ein Beispiel?", fragt Finja.

Beetz antwortet: „Klar! Und ihr könnt übrigens gerne Michael zu mir sagen. Wenn ein Kind zum Beispiel lernt, aus einem Glas zu trinken, ohne dabei Wasser zu verschütten, dann tut es das, indem es seine Eltern beobachtet und nachahmt. Vorher hat es durch viele Versuche und kleine Experimente schon Grundlagen gelernt, die es braucht. Zum Beispiel: Was ist ein Glas? Wie kann ich es zum Mund führen? Wieviel Kraft muss ich vermutlich aufbringen, um es anzuheben? Wie und wo stelle ich es wieder ab? Und das ist nur ein Bruchteil der Fragen, die das Gehirn beantworten können muss, damit wir unfallfrei aus einen Glas trinken. Auch ein Roboter müsste, wenn er ein gefülltes Glas anheben, es ein Stück durch die Luft bewegen und wieder abstellen soll, all diese Informationen in seinem Wissensspeicher verfügbar haben.

Die Aufgabe für uns Informatikerinnen und Informatiker ist es, diesen Wissensspeicher zu füllen. Ohne Hilfe kann das nämlich kein Roboter. Das ist der große Unterschied zum menschlichen Gehirn, das von sich aus lernen kann und vor allem will."

„Und wie macht man das, den Wissensspeicher eines Roboters füllen?", fragt Finja.

„Das kann man auf verschiedene Arten tun, die alle die Gemeinsamkeit haben, dass sie sehr aufwendig sind. Zum einen können Programmiererinnen und Programmierer diese Informationen quasi von Hand in den Wissensspeicher eintragen. Das ist so ähnlich, als würde man eine ganze Bibliothek voller Bücher auf einmal schreiben, und eine sehr schwierige Aufgabe, da wir Menschen viele Dinge unbewusst auf eine bestimmte Art tun. Aber auch diese unbewussten Informationen müssen wir aufdecken und dem Roboter so zur Verfügung stellen, dass er sie anwenden kann."

„Das hört sich nach viel Arbeit an", sagt Malik. „Und was ist die andere Art, auf die man den Wissensspeicher füllen kann?"

„Man kann auch versuchen, dem Roboter vorzumachen, wie es geht", antwortet Gaya.

„Aber Michael hat doch gerade gesagt, dass der Roboter im Gegensatz zum Kind nicht einfach durch Beobachten lernen kann", wundert sich Finja.

„Das stimmt auch. Er kann es nicht auf die menschliche Art. Aber eben auf die Art einer Künstlichen Intelligenz", sagt Gaya. „Rolf Drechsler hat mir erzählt, dass ihr mit ihm schon darüber gesprochen habt, wie eine Künstliche

Intelligenz lernen kann, Gesichter zu erkennen. Dabei baut sie ihren Wissensspeicher Schritt für Schritt weiter aus. So ähnlich kann das auch beim Erkennen von Bewegungsmustern bei alltäglichen Handlungen eingesetzt werden."

„Zeigt ihr dem Roboter dann auch ganz viele Fotos von Menschen, die zum Beispiel Popcorn machen, und er erkennt darin die Muster?", fragt Malik.

„Da es um Bewegungen geht, würden Fotos hier nicht ausreichen, Malik. Wir benutzen dafür Informationen, die wir mithilfe des Versuchsaufbaus da vorne sammeln. Habt ihr so etwas schon einmal gesehen?", fragt Michael und zeigt auf einen Tisch am anderen Ende des Raums. Darauf liegen sehr viele Kabel und etwas, das wie eine große Skibrille aussieht.

„Keine Ahnung", sagt Finja und zuckt mit den Achseln.

„Das alles braucht man, damit Versuchspersonen in einer Virtuellen Realität Bewegungen durchführen können, die dann wiederum einfach vom Roboter nachzuvollziehen sind. Das ist so ähnlich, wie in einem Computerspiel. Nur dass die Testpersonen nicht vor einem Bildschirm sitzen und einen einzelnen Controller halten. Sie setzen unsere VR-Brille hier auf und können sich dann mit einem Controller pro Hand frei im Raum bewegen. So können Bewegungsmuster genauer aufgezeichnet werden. Und das ‚versteht‘ dann auch ein Roboter"', sagt Gaya.

„Cool! Können wir das vielleicht mal ausprobieren?", fragt Finja aufgeregt.

„Wisst ihr was", sagt Michael, „wir haben am Freitag einen Workshop für Kinder, in dem wir genau diese Dinge machen. Hättet ihr nicht vielleicht Lust, dann noch mal wiederzukommen? Da erklärt Gaya alles ganz genau und jeder kann mal in die Virtuelle Realität hineinschnuppern."

„Das ist eine gute Idee, Michael. Ich habe auch noch Plätze
frei. Habt ihr am Freitag spontan Zeit?", fragt Gaya.
„Das klingt toll, da kommen wir natürlich gern! Es sind
ja eh Ferien", sagt Finja. „Malik, du hast doch auch noch
nichts vor, oder?"
Malik schüttelt den Kopf. „Und selbst wenn, das lasse ich
mir doch nicht entgehen!", sagt er begeistert.
„Also, dann wünsche ich euch am Freitag auf jeden
Fall viel Spaß. Ich muss leider auch wieder an meinen
Schreibtisch und weiterarbeiten. Es war schön, euch
kennenzulernen", sagt Michael und greift nach der
Schüssel mit dem Popcorn. „Vielleicht sehen wir uns ja
mal wieder! Wenn ihr später mal Informatik studieren
solltet, meldet euch bei uns. Wir suchen immer engagierte
Studentinnen und Studenten, die Lust haben, bei uns zu
arbeiten und mit uns zu forschen. Und es gibt leckeres
Popcorn hier!" Er zwinkert den Kindern zu und winkt zum
Abschied.

EINMAL MÜSLI BITTE, PR2

„Das Ziel unseres heutigen Workshops ist es, PR2 das
Tischdecken beizubringen", sagt Gaya. Sie steht vor einer
Gruppe von etwa 20 Mädchen und Jungen, die immer zu
zweit an einem Computer sitzen. Finja und Malik sind
auch mit dabei und teilen sich einen Computer. Kurz
zuvor haben die beiden zusammen mit den anderen
Kindern, die heute zum Ferienworkshop gekommen sind,
noch einmal zugesehen, wie PR2 Popcorn macht.
„Wie ihr euch wahrscheinlich nach unserer kleinen
Popcorn-Vorführung vorstellen könnt, ist das nicht ganz
einfach", erklärt Gaya weiter. „Auf eurem Bildschirm
seht ihr das Computerprogramm, mit dem ihr in den
kommenden Stunden arbeiten werdet. Es hilft euch dabei,
euch mit PR2 zu verständigen und ihm die richtigen
Anweisungen einzuprogrammieren. Am Ende soll er den
Tisch unfallfrei für ein Müslifrühstück eindecken."

Finja meldet sich mit einer Frage: „Ich weiß nicht, wie das bei den anderen aussieht, aber ich habe noch nie etwas programmiert. Können wir trotzdem einfach loslegen?" Den anderen Kindern geht es offenbar genauso, denn sie schauen Gaya erwartungsvoll an.

„Auf jeden Fall, Finja. Das Programm, das ihr benutzen werdet, ist extra dafür gedacht, programmieren zu lernen. Normalerweise muss man eine Programmiersprache erst komplett beherrschen, um etwas schreiben zu können, das der Roboter dann auch versteht. Das ist ein bisschen so, als wenn ihr Englisch lernt, um einem Brieffreund zu schreiben. Heute benutzen wir aber ein Programm, das mit Bildern und Symbolen arbeitet, die leicht zu verstehen sind. Die könnt ihr dann mit der Maus anklicken und in unterschiedlicher Reihenfolge aneinanderhängen, um PR2 Anweisungen zu geben", sagt Gaya und schaut in die Runde. „Wenn ihr sonst erst einmal keine weiteren Fragen habt, würde ich vorschlagen, dass wir einfach loslegen! Ich erkläre euch jetzt genauer, wie das Programm funktioniert."

Gaya setzt sich an einen Laptop. Was sie dort im Programm eingibt, wird auf einen großen Bildschirm übertragen, den alle Kinder sehen können. Als Gaya alle Felder des Programms erklärt hat, legen die Kinder sofort begeistert selbst los.

Finja und Malik probieren nacheinander verschiedene
Abfolgen von einzelnen Bewegungen aus.

„So könnte es klappen. Lass es uns mal ausprobieren",
sagt Finja, nachdem die beiden eine Weile getüftelt haben.
Sie drückt auf den Startknopf im Programm. In einem
kleinen Fenster rechts unten bewegt sich nun eine Figur,
die aussieht wie PR2.

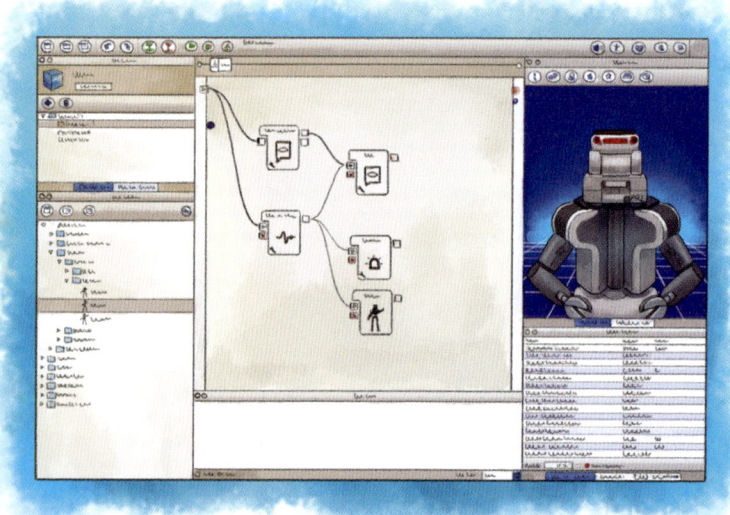

„Sieht schon ganz gut aus, ihr zwei", sagt Gaya, die sich
gerade eben hinter Finja und Malik gestellt hat und ihnen
nun über die Schulter schaut. „Ich bin schon gespannt
darauf, wie es klappt, wenn wir eure Programmierung
später am echten PR2 testen. Aber ihr wolltet doch gerne
auch noch unsere Virtuelle Realität kennenlernen. Wir

sagen dazu auch einfach VR. Wie wäre es, wenn ihr den Anfang macht, und dann dürfen es auch alle anderen Kinder einmal ausprobieren?"

„Aber klar!", antworten Finja und Malik wie aus einem Mund und springen sofort auf. Gaya führt die beiden an den Tisch, den sie schon von ihrem letzten Besuch kennen, und setzt als Erstes Malik die große Brille auf. Dann gibt sie ihm die beiden Controller in die Hände.

„Und, was siehst du jetzt, Malik?", fragt sie.

„Es ist so, als würde ich direkt in der Küche stehen, die aber ja eigentlich auf der anderen Seite des Raums ist. Alles sieht genauso aus – bloß halt als Computerbild. Und wenn ich meine Hände hochhebe, sehe ich zwei Hände, die frei im Raum schweben. Wieso sehe ich denn nicht meinen ganzen Körper?", fragt Malik.

„Diese Frage gebe ich mal an dich weiter, Finja", sagt Gaya. „Hast du eine Idee, warum?"

Finja schaut von dem Bildschirm auf, der zweidimensional zeigt, was Malik sieht. Sie zögert zwar, antwortet dann aber: „Mal überlegen ... Beim Tischdecken sind die Hände ja eigentlich das Wichtigste, oder? Vielleicht braucht PR2 nur zu wissen, was ein Mensch mit den Händen macht, um zu lernen, wie man einen Tisch deckt?"

„Genau", stimmt Gaya zu. „Alle anderen Informationen, also zum Beispiel, was die Füße machen, braucht PR2 für diese Aufgabe nicht, darum sparen wir uns den Aufwand, das mit aufzunehmen. Leg mal los, Malik. Du siehst vor dir eine Schublade. Du kannst sie aufziehen, indem du die Hand hinbewegst, dann den Knopf auf dem Controller drückst und die Hand wieder zurückziehst."

„Alles klar", sagt Malik und öffnet die Schublade. Darin findet er eine Müslischale, die er wieder durch Handbewegungen und Knopfdruck herausnimmt. So arbeitet sich Malik durch die virtuelle Küche, bis er alles für ein Müslifrühstück auf den Tisch gestellt hat, der ebenfalls in der Küche steht.

FINJAS SCHLAUMEIER-WISSEN:

2D und 3D sind Abkürzung für die Begriffe **zweidimensional** und **dreidimensional**. Diese Begriffe beziehen sich darauf, wie wir eine Person oder einen Gegenstand mithilfe unserer Augen wahrnehmen. Schauen wir uns zum Beispiel ein ganz normales Fernsehprogramm an, nehmen wir das Geschehen auf dem Bildschirm als flache Ebene wahr. Das heißt, wir sehen es nur zweidimensional in der Höhe und in der Breite ausgedehnt, es gibt aber keine Tiefe. In einem 3D-Film im Kino oder in einer Virtuellen Realität sorgt eine bestimmte Technik dafür, dass wir das Geschehen und unser Umfeld dreidimensional wahrnehmen können. Wir sehen es also nicht als flache Ebene, sondern auch noch in der dritten Dimension, der Tiefe des Raums, ausgebreitet. Dadurch wirkt es mehr wie unsere reale Welt, in der wir Dinge auch dreidimensional wahrnehmen.

„Jetzt habe ich alles zusammen. Willst du es auch mal versuchen, Finja?"

Finja übernimmt die VR-Brille und die Controller natürlich gerne. Dann taucht auch sie in die Virtuelle Realität ein. Ihre Aufgabe ist es, das Müsli zuzubereiten. Durch geschickte Handbewegungen und Knopfdruck hebt sie zuerst die Müslipackung und dann die Milchtüte an und gießt nacheinander etwas von dem Inhalt in die Schale. Zum Schluss legt sie noch den Löffel in die Schale.

„Geschafft", sagt sie und setzt zufrieden strahlend die VR-Brille ab.

„Das habt ihr super gemacht", sagt Gaya. „Jetzt hat der Wissensspeicher von PR2 ein Beispiel mehr parat, von dem er sich etwas abschauen kann."

Finja hat trotzdem noch eine Frage: „Jetzt mal ganz ehrlich, Gaya: So einem Roboter etwas beizubringen, ist riesig viel Arbeit. Warum macht ihr das alles? Bestimmt nicht nur zum Spaß, oder?"

„Sicher nicht – sonst würden wir auch keine Fördergelder vom Staat dafür bekommen. Und wir würden nicht mit so vielen Unternehmen zusammenarbeiten, die Geld in die Weiterentwicklung von Robotern stecken. Robotik hat viele Anwendungsfelder, für die es sich lohnt, diesen Aufwand auf sich zu nehmen. Könntet ihr euch

zum Beispiel vorstellen, für wen ein Roboter wie PR2 interessant sein könnte?"

Malik antwortet sofort: „Na klar! Für Menschen, die nicht selbst den Tisch decken können, wäre er eine große Hilfe. Seit meine Oma ein Gehhilfe braucht, dauert es ewig, wenn sie selbst den Tisch decken will. Sie kann kein Tablett benutzen, weil sie immer eine Hand an der Gehhilfe haben muss. Sie würde sich sicher sehr über einen PR2 freuen."

„Und nicht nur deine Oma", ergänzt Finja. „Auch andere Leute, die im Alltag mit Einschränkungen zu tun haben, hätten sicher gerne so einen Roboter, der ihnen hilft. Menschen mit Behinderung könnten dann wahrscheinlich viel eigenständiger selbst den Haushalt organisieren, oder?"

Gaya antwortet zufrieden und auch ein bisschen stolz: „Das hast du gut erkannt. Wir sehen Roboter als Werkzeuge, die dem Menschen helfen, den Alltag besser zu meistern. Unser Ziel ist es, mit PR2 einen Roboter so zu trainieren, dass er Menschen mit Einschränkungen hilft, zu Hause selbstständig den Alltag zu gestalten. Aber es gibt noch viele andere Bereiche, wo Roboter wichtige Werkzeuge sein können, um Menschen zu helfen. Stellt euch zum Beispiel vor, wir hätten Roboter, die eigenständig Verschüttete nach einem Erdbeben finden und retten könnten. Dann müssten sich keine menschlichen Retterinnen und Retter mehr in Gefahr begeben."

„Gaya", ruft im nächsten Moment eines der anderen Kinder zu den dreien herüber und schaut über den Computerbildschirm, an dem es arbeitet. „Dürfen wir jetzt auch mal die VR-Brille ausprobieren?"

„Aber klar doch, kommt gerne schon mal rüber", antwortet Gaya und winkt die anderen Kinder heran. Nacheinander probieren alle die VR-Brille aus.

Als alle Kinder fertig sind, gehen sie noch einmal kurz an ihre Computer und suchen eine der Bewegungsabfolgen aus, die sie für PR2 programmiert haben. Jede dieser Programmierungen wird dann an PR2 ausprobiert. Natürlich geht auch ein paar Mal etwas daneben oder PR2 hält mitten in der Bewegung an, als wüsste er nicht mehr weiter. Aber in den meisten Fällen schafft der Roboter es ziemlich gut, das Müslifrühstück zuzubereiten.

Auch Finjas und Maliks Programmierung funktioniert auf Anhieb. Die beiden klatschen sich ab.

„Das haben wir mal wieder gut hinbekommen, Malik!", meint Finja stolz.

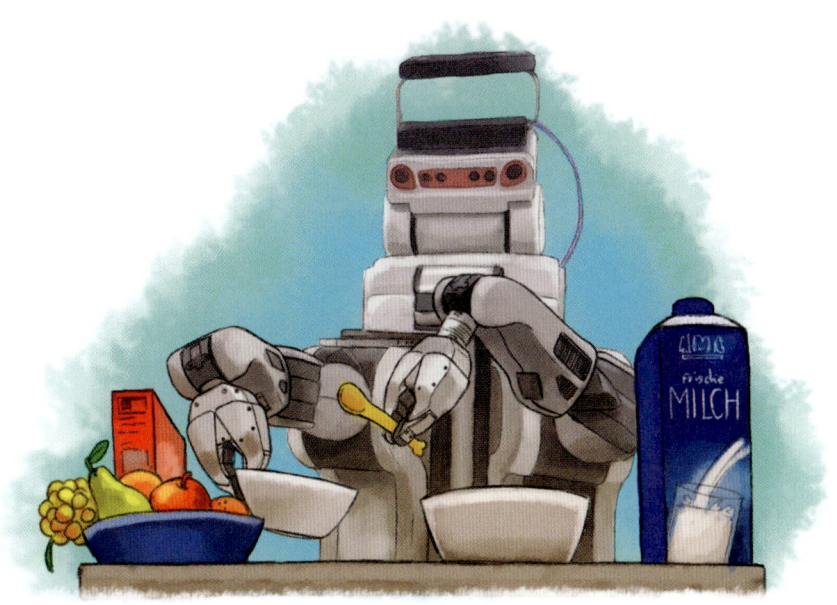

„Da hast du recht", sagt Malik. „Ich frage mich, ob wir uns das Programm wohl ausleihen können, um zu Hause eine Programmierung zu entwickeln, mit der wir Luna Pepper das Kaffeekochen beibringen können."

„Das ist eine exzellente Idee", sagt Finja und grinst.

Als der Workshop zu Ende ist und sich die anderen Kinder schon verabschiedet haben, sprechen Finja und Malik noch einmal Gaya an.

„Du, Gaya? Erst einmal natürlich vielen Dank für den tollen Tag! Wir hätten da aber noch eine kleine Bitte. Könnten wir uns eventuell das Computerprogramm ausleihen, das wir heute benutzt haben?", fragt Finja.

„Das sollte kein Problem sein. Aber ich bin natürlich neugierig. Was habt ihr denn damit vor?", fragt Gaya zurück.

Malik antwortet: „Wir wollen mal versuchen, ob wir es schaffen, Luna Pepper einen Wunsch zu erfüllen. Vielleicht bekommen wir es mit eurem Programm ja hin, ihr das Kaffeekochen beizubringen."

„Ah, ich verstehe", lacht Gaya. „Aber dann suche ich euch mal ein Programm heraus, das genauso funktioniert wie unser Programm heute – bloß, dass es dafür gemacht ist, einen Pepper-Roboter zu programmieren. Das haben wir nämlich auch da. Kaffeekochen wird mit Luna Pepper vermutlich eher schwierig, aber vielleicht fällt euch ja noch etwas anderes ein. Dann müsst ihr nur vorher in der Bank nachfragen, in der Luna arbeitet, ob ihr für sie etwas programmieren dürft."

„Das machen wir natürlich", sagt Finja. „Ich tippe aber mal, dass sich die Leute dort freuen würden, wenn wir Pepper etwas Neues und auch noch etwas so Praktisches beibringen!"

EIN ENDE UND EIN ANFANG

„So, Frau Müller, dann stellen Sie doch bitte jetzt Luna einfach mal die Frage, die wir vorhin besprochen haben", sagt Finja und reibt sich gespannt die Hände. Heute ist der große Tag: Malik und sie haben sich mit Frau Ahlring, Frau Müller und Luna Pepper in der Bank verabredet, um etwas Spannendes auszuprobieren.

Auch Malik und Frau Ahlring beobachten aufmerksam, wie Frau Müller auf Luna zugeht und sie begrüßt.

„Hallo Luna, schön, dich zu sehen", sagt Frau Müller.

„Hallo! Schön, dass du wieder da bist", sagt Luna. „Wie geht es dir?"

„Danke, gut", antwortet Frau Müller. „Ich habe heute einen Termin bei meinem Kundenberater. Er heißt Thomas Schmidt. Kennst du ihn?"

„Natürlich kenne ich Thomas. Er isst am liebsten Spaghetti und ist ein großer Fan von Werder Bremen", sagt Luna.

„Prima! Leider weiß ich nicht, wo Herr Schmidt und ich uns heute genau treffen. Weißt du das und kannst mich hinführen?", fragt Frau Müller.

„Natürlich gerne! Folge mir einfach. Ich bringe dich zum richtigen Besprechungsraum", sagt Luna. Sie hebt einladend die Hand und rollt los.

Frau Müller und mit etwas Abstand auch Frau Ahlring, Finja und Malik folgen Luna. Sie biegen um ein paar Ecken, dann bleibt Luna vor einem Besprechungsraum stehen und deutet mit einer Hand auf die Tür. „Da wären wir. Thomas Schmidt wartet schon auf dich. Ich wünsche euch ein erfolgreiches Gespräch."

Finja und Malik brechen in Jubel aus und klatschen ein.

„Wow, es hat funktioniert", ruft Finja.

„Endlich! Das war wirklich ein hartes Stück Arbeit", sagt Malik und strahlt.

Auch Frau Ahlring und Frau Müller lachen laut und freuen sich mit den beiden Freunden. Nur Herr Schmidt ist etwas überrascht. Er kommt aus dem Besprechungsraum und schaut sich erstaunt um. „Nanu, was ist denn hier los? Was gibt es zu feiern?"

„Diese beiden jungen Herrschaften hier", sagt Frau Müller und zeigt auf Finja und Malik, „haben unserer Luna Pepper beigebracht, Kundinnen und Kunden den Weg zu zeigen, wenn sie nicht wissen, wo ihr Termin stattfindet."

Herr Schmidt macht große Augen und fragt Finja und
Malik: „Stimmt das? Wie habt ihr denn das geschafft?"
„Zum Glück haben wir von einer Wissenschaftlerin an der
Uni ein Programm bekommen, mit dem wir Luna so etwas
beibringen konnten", antwortet Finja. „Es war trotzdem
sehr viel Arbeit, weil Luna viele verschiedene Sachen
lernen musste. Zum Beispiel wie alle Mitarbeiter heißen
und wo alle Besprechungsräume sind. Außerdem muss sie
immer wissen, welche Termine als Nächstes anstehen."
„Das war eine ziemliche Herausforderung, aber es hat
auch viel Spaß gemacht", ergänzt Malik.

„Ich bin wirklich beeindruckt, was ihr in den letzten Wochen alles über Roboter gelernt habt", sagt Frau Ahlring. „Ich würde mich sehr freuen, wenn ihr uns weiterhin ab und zu bei der Programmierung von Luna helfen würdet. Habt ihr Lust dazu?"

„Was wir heute von Luna gesehen haben, wird sicher nicht der letzte Trick sein, den wir ihr beibringen", sagt Malik und grinst.

„Wir haben schon ganz viele Ideen, was Luna noch lernen könnte. Und irgendwann klappt es dann auch mit dem Kaffeekochen!", sagt Finja.

„Ahoi, ahoi! Ja, sicher!", sagt Luna Pepper. Malik prustet los und alle anderen stimmen ein.

WAS ISABELL EUCH NOCH SAGEN WOLLTE ...

Dieses Buch ist das zweite Buch in der Reihe „Finja forscht!".
Vor ein paar Jahren hatte ich die Idee zu einer Reihe von
Kinderbüchern, die spannende Forschungsabenteuer aus
Bremen erzählen. Im März 2019 erschien das erste Buch
der Reihe: „Finja forscht! Das geheimnisvolle Pulver".
Darin lüften Finja und ihr Freund Malik gemeinsam mit
Materialwissenschaftlerinnen und -wissenschaftler das
Rätsel um ein geheimnisvolles Pulver, das Finja und Malik
bis in den Bremer Fallturm bringt.

Auch in diesem zweiten Buch helfen Wissenschaftlerinnen
und Wissenschaftler Finja und Malik dabei zu verstehen,
was es mit dem rätselhaften Roboter Luna Pepper auf
sich hat. Und genau wie im ersten Band gibt es diese
Wissenschaftlerinnen und Wissenschaftler auch im echten
Leben. Wie sie ganz genau aussehen und was sie so forschen,
erfahrt ihr hier:

Prof. Dr. Rolf Drechsler leitet seit 2011 den Forschungsbereich Cyber-Physical Systems des Deutschen Forschungszentrum für Künstliche Intelligenz (DFKI) und ist seit 2001 Professor im Fachbereich Mathematik und Informatik der Universität Bremen. Davor hat er bei der Siemens AG in der Technologieentwicklung und am Institut für Informatik der Albert-Ludwigs-Universität in Freiburg/ Breisgau gearbeitet. Sein Studium der Informatik hat er 1992 an der Goethe-Universität in Frankfurt/Main abgeschlossen und dort direkt im Anschluss auch seine Doktorarbeit geschrieben. Rolf Drechslers Forschungsschwerpunkte liegen heute auf der Entwicklung und dem qualitäts- orientierten Design von Algorithmen und problem- spezifischen Datenstrukturen im computergestützten Schaltkreis- und Systementwurf.

Prof. Michael Beetz PhD ist Professor für Informatik im Fachbereich Mathematik und Informatik der Universität Bremen und Leiter des Instituts für Künstliche Intelligenz (IAI). Zudem ist er seit 2017 Koordinator des deutschen Sonderforschungsbereichs EASE (Everyday Activity Science and Engineering).

Michael Beetz erhielt seinen Diplom-Abschluss in Informatik mit Auszeichnung von der Universität Kaiserslautern. Seinen PhD-Abschluss (Doktortitel im englischsprachigen Raum) machte er 1996 von der Yale University. Michael Beetz' Forschungsinteressen umfassen die planbasierte Steuerung von Roboter-agenten, Wissensverarbeitung und -repräsentation für Roboter, integriertes Roboterlernen und kognitive Wahrnehmung.

 **Gayane Kazhoyan** ist Doktorandin am Institut für Künstliche Intelligenz (IAI) der Universität Bremen. Bevor sie im November 2013 in die Gruppe von Michael Beetz eintrat, arbeitete sie ein Jahr lang als wissenschaftliche Mitarbeiterin bei der Kastanienbaum GmbH in enger Zusammenarbeit mit dem Zentrum für Robotik und Mechatronik des Deutschen Zentrums für Luft- und Raumfahrt (DLR). Zuvor hat sie ihren Master-Abschluss in Informatik mit dem Schwerpunkt KI und Robotik an der Technischen Universität München erworben. Gayane Kazhoyan konzentriert sich in ihrer Forschung auf den Bereich der kognitiven Roboterführung. Aktuell ist sie an der Entwicklung von CRAM beteiligt. CRAM (Cognitive

Robot Abstract Machine) ist ein Software-Werkzeugkasten für den Entwurf, die Implementierung und den Einsatz von kognitionsfähigen autonomen Robotern, die alltägliche Aktivitäten ausführen.

Vielen Dank an Rolf, Michael, Gayane und ihre Teams im Hintergrund für die tolle Unterstützung bei der Recherche zu diesem Buch!

Ein besonderer Dank gilt auch noch einer weiteren Person, die durch ihre intensiven Erfahrungen mit der realen Luna Pepper dieses Buchs sehr bereichert hat:

Tina Marie Ahlring ist Community Assistentin in der Stadtteilfiliale Neustadt der Sparkasse Bremen. Dort ist sie für den Empfang und den Communitybereich der Stadtteilfiliale zuständig, in dem vielfältige Angebote für die Anwohnerinnen und Anwohner stattfinden. Sie plant Veranstaltungen, Pop-up-Stores und engagiert sich für die Vernetzungen innerhalb des Stadtteils. Da Luna Pepper ebenfalls im Communitybereich arbeitet, ist Tina Marie Ahlring ihre direkte Kollegin und beteiligt sich an der Ausbildung von Luna.

Noch mehr Lesefutter ...

... für kleine Umweltheldinnen und clevere Klimaretter

Mach es wie Mats und informiere dich genau: Zwei spannende Wissensabenteuer mit der schlauen Möwe vom Nordseestrand!

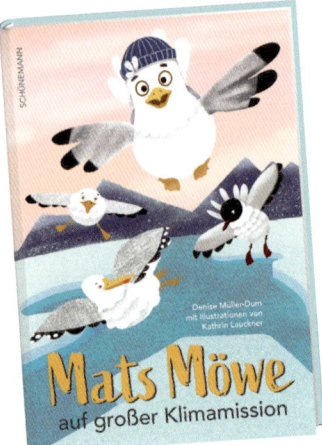

Klimawandel? Den gibt es doch gar nicht, meinen drei Möwen, die eines Tages an Mats' Strand auftauchen. Erderwärmung? Extremes Wetter? Alles Quatsch und schon gar nicht die Schuld der Menschen, behaupten sie. Da beschließt Mats, seinen ignoranten Mitmöwen das Gegenteil zu beweisen – und nimmt sie mit auf eine Reise um die Welt.

Denise Müller-Dum | Kathrin Lauckner
Mats Möwe und die Plastikplage
64 Seiten | Hardcover | € 16,90 [D]
ISBN: 978-3-7961-1091-7

Als Mats Möwe nach Helgoland kommt, staunt er nicht schlecht: Die Vögel dort haben quietschbunte Nester! Sie bauen mit Plastik, denn es ist überall in ihrer Umgebung zu finden. Doch was hat es damit eigentlich auf sich? Mats will es genauer wissen und macht sich auf die Suche nach Antworten.

Denise Müller-Dum | Kathrin Lauckner
Mats Möwe auf großer Klimamission
64 Seiten | Hardcover | € 16,90 [D]
ISBN: 978-3-7961-1103-7

... für pfiffige Schlauberger und künftige Forscherinnen

Die Freunde Finja und Malik tauchen in die Welt der Wissenschaft ein und erkunden die Forschung an der Uni Bremen.

Isabell Harder | Lea Fröhlich
Finja forscht!
Das geheimnisvolle Pulver
64 Seiten | Hardcover | € 12,90 [D]
ISBN: 978-3-7961-1047-4

Die Sommerferien haben begonnen und Finja und Malik sind auf der Suche nach einem echten Abenteuer! Das finden sie schneller als erwartet, als sie durch den Bürgerpark radeln und dort eine seltsame Box mit einem geheimnisvollen Pulver finden. Zum Glück hat Malik eine Idee, wem sie ihren Fund zeigen können. Gemeinsam mit Wissenschaftlerinnen und Wissenschaftlern an der Uni Bremen folgen sie den Spuren – und die führen ziemlich hoch hinaus!

Isabell Harder macht hauptberuflich Öffentlichkeitsarbeit für Wissenschaft. Als studierte Literaturwissenschaftlerin und Mutter einer kleinen Tochter hat sie außerdem viel Freude am Geschichtenerzählen. Ihre Begeisterung für die spannende Bremer Forschung und für clevere Kinderbücher verknüpft sie in ihrer „Finja forscht!"-Reihe.

Lea Fröhlich fand nach verschiedenen Anläufen in der Philosophie, der Geschichte und im Gesundheitsbereich 2009 ihre Berufung im Studium des Kommunikationsdesigns mit Schwerpunkt Illustration in Hamburg. Sie arbeitete anschließend als 2D-Artist und Illustratorin für einen Computerspiele-Entwickler in Bremen, seit 2016 ist sie selbstständig.

Dieses Buchprojekt wurde finanziell unterstützt durch:

Bildnachweis der Fotografien:
Rolf Drechsler: Universität Bremen/AGRA
Michael Beetz & Gayane Kazhoyan: Universität Bremen/IAI
Tina Marie Ahlring: Sparkasse Bremen

Die Deutsche Nationalbibliothek verzeichnet diese Publikation in der
Deutschen Nationalbibliografie; detaillierte bibliografische Daten sind
im Internet über http://dnb.dnb.de abrufbar.

Text: Isabell Harder
Illustration: Lea Fröhlich
Lektorat: Caroline Simonis
Gesamtherstellung: Carl Schünemann Verlag

2. Auflage | Printed in EU 2021 | ISBN 978-3-7961-1104-4

Besuchen Sie uns auch auf ◼️ Facebook und 🅞 Instagram.